弗兰克·莫贝尔

生命的微笑

弗朗西斯·培根访谈录

余中先 译

湖南美术出版社

目录

“人血之味目不离我。”

——埃斯库罗斯

三联剧《俄瑞斯忒亚》之《复仇女神》

混乱之所

一个图像，一部生与死之间的电影——《巴黎最后的探戈》片头前的图像。在维克多利亚影院的黑暗中，银幕上出现了一个形象——一个人体，乔治·戴尔[1]的肉体吗？——如同一次爆燃。你立即就被抓住了。你感受到某种肉体的东西。那是伽托·巴比耶里的萨克斯风的撕裂声吗？或者，是这个肉体，仅仅是这扭动的肉体，这个蜷曲起来的肉体，是它在呼喊痛苦吗？鲜血与生命的颜色，一具孤零零、赤裸裸的尸体的颜色。我似乎觉得，我就是这样第一次发现了弗朗西斯·培根的一幅图像。我首先感觉到了作为图像的它，然后才抓住了纯粹绘画层面的因素。我无疑已经看到过他的其他绘画作品，在别处，然后才接受了第二次冲击。那是在

1　乔治·戴尔：George Dyer (1934—1971)，弗朗西斯·培根的同性恋男友之一。

克罗德·贝尔纳画廊[2]，低矮而又昏暗的空间，我体验到了奇怪的感觉，像是进入了绘画本身，并融化在里面了。绘画在此找到了它整个的力度，把它的惊艳能力发挥到极致，如同一次痉挛性的召唤。这无疑就是艺术家本人谈到毕加索时加以命名的"事实之粗暴"[3]的表现。

从此，在我看来，弗朗西斯·培根将比任何其他艺术家都更能体现绘画本身。这是一种显然性。从那些青春时代起，他的绘画就没有离开过我。它钩住了你，活在你心中，跟你在一起，是一种紧紧攫住你而绝不松开的煎熬。他的"处于普遍危机中的人物"——精神危机，身体危机——恰如英国批评家约翰·拉塞尔[4]写到的那样，就活在

2 克洛德·贝尔纳画廊：Galerie Claude Bernard，位于巴黎第六区的美术街。

3 原文为英语"the brutality of fact"。

4 约翰·拉塞尔：John Russell (1919—2008)，英国艺术批评家。

你身边，并不停地提醒你，生活就是在诞生与死亡之间绷得紧紧的这条绳子。这一为你带来种种剧烈图景的生活，比如一个住院的病友，有时候就是图景本身。噩梦临头：痛苦，叫喊，一个蜷曲的肉体，扭曲的浓缩，痛楚本身。恐怖就在这里，置身于这些寂静嚎叫的人物中。一种明显展示的、看得见的残忍，由这些掩藏在一个空间框架中的人揭示出来。总有时间触及残酷之事，如一次事故把你变成一包打开的肌肉。对一种复活的可能期待。

我八十年代在《快报》中担任艺术记者的工作，曾有一次与这位艺术家见面的机会。获得这样的机会绝非易事。给他的伦敦画廊，即马乐伯画廊[5]发去一份采访请求之后，我耐心地等待几乎整整三年，才收到了一份邀请，是由

5　马乐伯画廊：Marlborough Gallery，1946 年建立于伦敦，被认为是同时代的艺术主导商。

瓦莱丽·贝斯通小姐[6]发出的，她的外号叫B小姐，是艺术家本人给她起的。而当时，我对采访这件事都已经不抱什么希望了。于是，在这样的情况下，我与弗朗西斯·培根见面了，就在他伦敦的工作室里，地址是南肯辛顿雷斯马厩街7号。此后，还有其他的拜访。随着时光的流逝，最初的访谈渐渐地变成了谈话，不停歇的对话，在巴黎或在伦敦持续，完全看我们的旅行和逗留情况而定。

培根提前告知我："门铃已经坏了，我会让工作室的门半开着。"进门后，走上一段又窄又陡的楼梯，就来到早前的干草室和车夫房，它们位于已改造成车行的马厩的楼上，爬这楼梯时最好是空着肚子。这对艺术家来说全不碍事。他会以他那著名的洪亮的大笑声来

6　瓦莱丽·贝斯通：Valerie Beston (1922—2005)，曾在伦敦的马乐伯画廊工作五十年，在伦敦乃至世界范围的艺术界留有极好的声誉。

7

迎接你。等在过道上，手拿一杯酒，这样的情景实在不算罕见。这个人优雅得很：擦得锃亮的黑色靴子，灰色的法兰绒长裤，一件皮夹克，玫瑰色的衬衣，一条暗色的针织领带，有某种摇滚明星的气质。浅蓝色的眼睛，一脑袋学者般平平梳着的桃花心木色的头发。这个极其生动的人很善于与人分享他那混杂着悲剧与喜剧的敏锐意识——恰如他最喜爱的作家之一，威廉·莎士比亚。弗朗西斯·培根同样也能矛盾地集简单性与清醒性于一身，很自然地把微妙与暴力，把分寸与极端糅合在一起。在 1982 年我的第一次拜访之前，培根就预先告诉我："我睡不好觉，我有过哮喘发作。"尽管如此，他还是显现出一副好脾气，一种极端的彬彬有礼。我很惊讶地发现，他从六十年代起就生活在一种基本而又熟悉的舒适中。在这个不牢靠的住所中，弗朗西斯·培根保留了粗绳子充当的栏杆，还有长木条的地板。三个房间是这样分配的：卧室兼书房，厨房兼浴室，工作室，当然，如报刊上零零碎碎地发表的照片所显示的那样。

一见我来到，他就把我推向书房，一个劲地让我坐下，自己则消失在厨房中，返回时端来了咖啡。我只来得及注意到绣有花边的床罩，那是他在丹吉尔好几次逗留的回忆，一个路易十五风格的布勒式蜗脚柜，已然有些破损，还有一张长沙发，看不出是什么风格的了，法兰绒的沙发面早已褪色，上面堆放着的一些衬衣，还套在干洗店的塑料口袋中。到处都是书，除了书还是书，放得乱七八糟。贾科梅蒂、乔治·巴塔耶、毕加索等人的作品，关于埃及艺术的著作……壁炉台上，则放着普鲁斯特的作品全集，法语版的，还有一张乔治·戴尔的照片，镶在镀金的镜框中，他的这位伴侣已于1971年在巴黎自杀。就在房间里那低射的亲密光线中，艺术家阅读、睡觉、接待客人。当他接待时，我们背后，一面星星状的镜子占据了整整一面墙，反映出门口处灰色壁柜的形象。它上面的同心圆碎片是我的主人一次脾气发作后留下的痕迹，那一天他朝一位不太文雅的客人扔过去一个烛台……他没有给我讲得更细，我也不再坚持。对待我，这男人和蔼可亲，仔细认真，有问必答，很少见的态度。但时不时地，有一种秘密的愤怒会冒出头来。

谈话间，为去拿一瓶酒或者咖啡杯，他会适时地带我进入厨房兼浴室，那里可见一个漆了又漆的洗脸池，一个晾衣架搁在浴缸上，厨房器皿与洗涤用具相邻而列……钉在墙上的，是他作品的一些印刷件："这是为了与之一起生活，让我沉浸在其中，再说，不挂这些又能挂

什么呢？”

最后，那个大房间，工作室。巢穴。一个格外得到垂青的地方。现实的混乱远远地超出了直到那时为止我在展品名录和报刊中依稀发现的程度。当然，他不是第一个，也不是最后一个如此堆积的艺术家：画家华特·席格[7]与妻子在他画室中拍的一张照片显示出，满地都是一摞摞报纸，还有杂七杂八的碎纸屑……在培根工作室的地板上，铺盖了各种各样的垃圾，构成了某种沉淀的堆肥，一层厚厚的痂壳，跟他的绘画作品那“临床学”的干净恰好鲜明地对立，然而，那些画作也都诞生于此，且它们的宽度都超不过窗户的对角线。不配套的鞋子、粉红色的橡皮手套、盘子、旧海绵、撕破的弃书、撕碎的照片、堆成金字塔那样的画笔……他连声道歉解释：

7 华特·席格：Walter Sickert（1860—1942），英国画家。

“我整个的一生就只是一堆庞大的混乱。” 一道道的颜色——橙的、紫的、鲜亮的黄色、刺目的玫瑰色——跑在地上，爬上门和墙。画室被屋顶上一个老虎窗透下的光还有一盏光秃秃的灯泡照亮，只不过是一个巨大的调色盘。一种描绘的邀请。这一派杂乱是培根绘画想象力的中心本身。我先是看到了他把自己全身心地套在一幅献给斗牛士安东尼奥·桑切斯·梅希亚斯[8]的三联画上，据加西亚·洛尔卡的一首诗，此君死于斗牛[9]。后来，我得知，他只是贡献出了三联画的右侧一联。艺术家没有说出所有的来源，没有说出他的制作秘密，其中一些在他死后才透露出来，全靠了新发现的资料，而且这些资料不是在别处，恰恰是在他画室的成堆的故纸中。

8 安东尼奥·桑切斯·梅希亚斯：Sánchez Mejías（1891—1934），西班牙著名的斗牛士。

9 西班牙诗人加西亚·洛尔卡有诗作《致伊格纳西奥·桑切斯·梅希亚斯的挽歌》（1934），是特为斗牛士桑切斯·梅希亚斯而作的，被誉为现代西班牙文学中最伟大的哀歌。

在我的一次拜访中——是不是第一次呢？——我提议用在机场买的一次性相机给他拍几张照片。我想，那是我一生中所拍的仅有的照片了。他响应了这游戏，好玩地摆姿势，让我随意抓捕了好几张泄密这地方的图像。这些照片没有别的价值，只是一些证明。

接下来的“谈话”用的是法语，他以一种方言老油子才有的狡诈程度掌握着这一语言。谈话集中了弗朗西斯·培根的绝大多数主要主题，在他一生中，他曾十分固执地一再探讨它们：艺术、生命、死亡、激情、普世性的重大主题，但也涉及他的工作、他的友谊、他的旅行、他的阅读、酒精、毕加索、贾科梅蒂、委拉斯开兹，当然[10]，甚至还有他对摄像师们的兴趣……说话让他开心。说话让他激奋。说话，对于他，同样也是艺术。他

10　原文为英语“of course”

会一而再再而三地回到一个主题上来，毫不犹豫地剖析一个想法，仔细琢磨一个词，以求更好地开挖它，必要时还装备好几本词典……他还会以他自己的方式宣讲一番臻于完善的话语，直至摸透其最细腻的隐喻，就仿佛，他想再一次唤醒他所熟悉的恶魔。他始终很苛刻，有时也会有脱漏。他招惹——他喜爱招惹——并引诱，却不乏幽默。在访谈的录音中，以及我们见面时做的记录中，我试图选择一些保留有他所提供的某种近似性、简单性和复杂性——他极端的暧昧性——的话语，它们只属于一个全身心都献给了其激情、献给了绘画的人。

弗兰克·莫贝尔

与弗朗西斯·培根的谈话

艺术家带我参观他的住所。

弗朗西斯·培根 这里，以前有两个房间，我让人打掉了一面隔墙。

弗兰克·莫贝尔 哟，这里不透光啊，只有光秃秃的灯泡，像以前的车间里那样，并且……像您画作中的那样。

培根 我更习惯较为强烈的光线，我不怎么喜欢透光，这就是人们在台球房里装的灯光。我还不喜欢房子里的装饰，没有用。

莫贝尔 可您毕竟曾是一个搞装饰艺术的人……

培根 人年轻时还能做什么呢？人年轻时，就会一直朝前走，但并不太知道会走向哪里。那么，为什么不干一干装饰艺术呢……但是我没有做什么太独特的。

莫贝尔　在您转向绘画之前，您做的是什么？

培根　做的多了。什么都做！您知道，我开始得很迟。我记得我当过旅馆的侍者。这倒是很有趣。然后，我不得不一边做人家的私人秘书，一边做妇女内衣售货员……再后来，您提到了，装饰艺术工作。这很滑稽，我这讨厌装饰的人，居然去设计家具、描画地毯！真是可怕啊！

莫贝尔　您设计过的家具，椅子、桌子、地毯、镜子……人们还能在什么地方见到它们吧？

培根　也许在德国，我不太清楚在哪里；它们在战争期间被带走了……一个德国女人买下了它们全部。

莫贝尔　那套家具属于什么风格？

培根　它更像是勒·柯布西埃[1]和夏洛特·佩里昂[2]的镀镍家具，当时，我觉得他们的工作很有意思。我按这一风格设计了餐桌、书桌、扶手椅，我甚至还买了那样的一把椅子，把它当作雕塑品来看待。但是，作为椅子，它坐起来绝对是不太舒服的。那是一些很“临床学”的漂亮物件。

莫贝尔　您对您所谓的“临床学”绘画的趣味就是来自于此吗？

培根　我想创作一种在我的意义上的“临床学”绘画，您明白吗？最伟大

1　勒·柯布西埃：Le Corbusier（1887—1965），建筑师，是现代建筑运动的激进分子和主将，被称为“现代建筑的旗手”。
2　夏洛特·佩里昂：Charlotte Perriand（1903—1999），法国女建筑师和装饰艺术家。

的艺术品是“临床学”的。

莫贝尔　您能不能明确一下这一术语的所指？

培根　英语中叫作“*clinical*”。当我使用 “临床学”这个词时，我想表达的是最完全意义上的现实主义。而眼前，我还不可能定义它，不可能谈到它。

莫贝尔　临床学，是很冷，很遥远吗？

培根　某种现实主义 ，但并不那么冷。成为“临床学”，不是要变得冷，而是有一种态度，如同在切割某个东西，但是没错，在这一切里头，有着冷淡，有着间距。首先，没有情感。而悖论的是，它会激起一种巨大的情感。“临床学”，就是尽可能地靠近现实主义，走向自身最深处。它是某种确切的和锋利的东西。现实主义是某种会令您震撼的东西……

莫贝尔 是跟您的生活以及您的绘画的一种直接关系，兴许？

培根 是的，毫无疑问。人们首先该对待的是自己……我想完成一种“临床学”的绘画，这是就《麦克白》是“临床学”而言的。伟大的诗人是图像的卓越发动者。他们的词语对于我必不可少，它们刺激我，它们为我打开想象力的大门。

莫贝尔 我觉得，您受到了诗歌的吸引，确实，但尤其是被悲剧吸引。是不是可以说，那些文本是图像的环扣，或者，是词语帮助您，推动您走得更远？

培根 我不知道。谁推动了谁？一

个图像会带来另一个，推想出另一个。如您所说，诗人们无疑帮助我走得更远。我喜欢他们让我沉浸其中的那种氛围。他们能把我一直带向迷醉。有时，单单一个词足矣。埃斯库罗斯在这方面无与伦比。诗人们帮助了我。要画画，是的，而尤其要生活。莎士比亚会说出一些极其尖锐的东西来……但是，有时，有太多的废话，抒情的浪潮。我最爱的，是《麦克白》……再没有比《麦克白》更令人恐惧，更可怕的了。这是恶的浓缩。

莫贝尔　您似乎需要被词语或被图像冲击，之后才能画画。这对您真的那么不可或缺吗？

培根　我是这样的。平凡庸常的东西对我不起作用。我也没办法。当我读到叶芝的《第二次降临》的最后几句时，我受到的冲击比任何历史画面，比任何战争图像给的冲击都更大。

说着他站了起来，在他书柜的架子上拿下一本叶芝的作品集，以一种不温不火的嗓音缓缓地读了起来：

And what rough beast, its hour come around at last

Slouches towards Bethlehem to be born.

[“而何等怪样的恶兽，大限终于来到
无精打采地走向伯利恒去转世投生。”
《第二次降临》，
载《迈克尔·罗巴兹与女舞者》(1921)]

莫贝尔 打动您的是叶芝的艺术，是他诗行的戏剧张力，而不仅仅是图像的粗暴之力。

培根 的确如此。他词语的能量和力度，还有它的维度和它预知未来的幻觉。

莫贝尔　那您怎么还能呆在您这乱七八糟的画室中呢？这整整的一派“肮脏”跟您所谓的“临床学”绘画截然相对立，不是吗？

培根　没错，这多少有些恶心，但还不是关键。有时，它还能帮我忙……关键还在别处。

莫贝尔　您的“发动者”还可能是照片或者图像吗？

培根　是的，当然，一些活跃的图像，就如布努埃尔和达利的电影《一条安达鲁狗》中被剃刀割开的眼睛，真的是充满幻象！照片给我一种帮助，它前来支持，用图像来提醒我，挑衅我。摄影有助于我启动，然后我抹除，我摆脱，我涂掉。总之，最初的照片不再留下什么东西。实际上，它让我从精确之必然性中解脱。这是一个美妙的启动者。您知道，从它被发明以来，摄影几乎就彻底改变了绘画以及画家的视像。摄影孕育了其他的图像。谁会不知道，有些瞬间是任何画家都抓不住的？一些运动……

莫贝尔　您想到了埃德沃德·迈布里奇[3]的照片吗？他的工作恰恰就是对运动的解构，或者，您还想到了马雷[4]的作品？

培根　四十年代末，一位朋友为我展示过《人与动物的运动》和《运动中的人像》的胶卷：这对我是一种很珍贵的发现，我能以此来了解躯体的运

3　埃德沃德·迈步里奇：Eadweard Muybridge（1830—1904），英国摄影师。

4　马雷：Etienne-Jules Marey（1830—1904），法国科学家，在心脏内科、医疗仪器、航空、连续摄影等方面的工作卓有成效，被认为是摄影的先驱之一和对电影史有重大影响的人。

动，但它缺少激情……我始终试图走得比摄影更远。

莫贝尔　图像对您是必需的，这是一个起点……

培根　是的，图像是一个起源，另外，还是思想的一个启动者，但我觉得词语更为强有力。它能假设，它更为强烈。我喜欢词语的力量。谁能替代叶芝、T.S. 艾略特、莎士比亚、拉辛、埃斯库罗斯？对埃斯库罗斯的阅读迫使我思考，让我在心中生出图像。我会永远乐此不疲。这些作者总是在刺激我。他们的功能是不可替代的，会搞乱现实，使现实变得更生猛。

莫贝尔　我明白，埃斯库罗斯的带有其罪孽以及整个恐惧的涂黑的绘画让您着迷，而《麦克白》相比之下几乎就是没什么意义的……

培根 是的，《俄瑞斯忒亚》三部曲实在很了不起，这里头有一种美，一种活力，以及一种深度，都是那么无与伦比，甚至还有幽默……

莫贝尔 有一天，您对我承认过，您甚至还前去科学博物馆，去更近距离地观看了一些科学图像……

培根 没错，我总是伺机获取：我想画一组肖像。我前去寻找某种格栅，想把那些肖像放置在上面。结果什么都没找到。并非所有那些理论都有什么大的价值。当然，还是有可用之处的。

莫贝尔 我认为这里头还有爱森斯坦的《战舰波将金号》中女护士嚎叫的图像带来的冲击，是不是？

培根 是的，《战舰波将金号》……这个嚎叫和哭泣的女护士，您不可能知道……她萦绕在我心中，挥之不去，为了那张嘴，我尝试运用这些照片，但行不通，从来就行不通。爱森斯坦作品中的图像更好。在巴黎期间，我还找到了一本书，里面有关于口腔疾病的图片，一些很棒的彩色图片……跟教皇的袍子一般红。这一切让我很是上心。

莫贝尔 还有让您感兴趣的其他电影人吗？

培根 我喜爱电影，例如布努埃尔最开始的电影，或者另一类的，比如安东尼奥尼的电影，我觉得我跟他更接近，像电影《红色沙漠》《夜》……在法国，则有让-吕克·戈达尔的电影，对他我还有不同的看法，他。但是我忘记了片名：《阿尔法城》？《狂人皮埃罗》？

《我略知她一二》？我没有看全他的所有电影，但我喜欢他生猛的图像，还有他影片的氛围。在安娜·卡里娜[5]的脸上有着某种令人激动的东西。他还是一部电影史的作者，它展开得就如一系列图像的一段历史。电影人是一些伟大的图像发明家，但他们常常因资金问题而多少有些迷失方向。

莫贝尔　更确切地说，是不是有一部电影给您留下特别的印象？

培根　一位匈牙利电影人——伊斯特凡·萨博[6]的作品，《雷德尔上校》，其卓越的主演克劳斯·马利亚·布朗道

5　安娜·卡里娜：Anna Karina（1940—），出生于丹麦的电影女演员，她几乎是戈达尔电影唯一的女主角。主演过《小兵》《随心所欲》《法外之徒》《阿尔法城》《狂人皮埃罗》等，她的脸成为新浪潮电影的一个重要标签。

6　伊斯特凡·萨博：István Szabó（1938—），匈牙利电影导演，《雷德尔上校》是他1985年的作品。

尔[7]，他扮演了一位受约束的同性恋者。影片中有黑颜色、红颜色以及金褐色灯光的魔法……我认为，它在很大程度上受到了一个真实故事的启发。关于这一故事，还有约翰·奥斯本[8]的一部戏剧《一个对我而言的爱国者》……

莫贝尔　给了您特别印象的第一部艺术作品是什么？

培根　那就相当遥远了——所有那些回忆。那时我大概刚满二十岁，住在尚蒂伊[9]附近，在一户法国人家里学法语，我还为他们装饰公寓。这一切有多可怖！那里有孔代博物馆，我在馆里看到了尼古拉斯·普桑[10]的一幅精彩作品《屠

7　克劳斯·玛利亚·布朗道尔：Klaus Maria Brandauer（1943—），德国演员。

8　约翰·奥斯本：John Osborne（1929—1994），英国剧作家。

9　尚蒂伊：Chantilly，法国一地，在巴黎以北的远郊。那里有法兰西王室的城堡，而孔代博物馆就在城堡中。

10　尼古拉斯·普桑：Nicolas Poussin（1594—1665），法国画家。

杀无辜者》。我被极大地震撼了……它是所有绘画中最美的呐喊。

莫贝尔　远胜于爱德华•蒙克[11]的《呐喊》吗？

培根　这一“呐喊”，我是后来才发现的。

莫贝尔　那么，是普桑的这幅画在您心中激起了绘画的渴望吗？关键的触发是什么呢？

培根　确切地说还不是，但我很欣赏普桑的构图，还有他的蓝色，以及黄色。精彩至极！他的“呐喊”让我思考，我很想再现出最好的人类“呐喊”。触发，那是后来靠了毕加索，首先是毕加索。他在巴黎的展览，在罗森堡画廊举办，那

11　爱德华·蒙克：Edvard Munch（1863—1944），挪威画家，现代表现主义绘画的先驱。

是我叔叔带我去的，对我来说，那是一次视觉的冲击。那是在1928或1929年，我记不太清了。那时，我对自己说：我也要尝试一下，做做这个。那是他的迪纳尔[12]阶段，以庞大的躯体来体现那些女人。您瞧，那些海滩场景，体态肥胖的女子打开或关上更衣间的门。那时候我有了一种奇怪的情感。直到今天，对我来说，那都是感觉的一种起源。走出画廊时，我真的有一种绘画的冲动。

莫贝尔 而您就这样做了？

培根 我尝试了一下，我画了一些素描和一些水粉画。没什么决定性的东西。

莫贝尔 那么，真正的触发，是

12 迪纳尔：Dinard，法国地名，位于布列塔尼北海岸东段，地处朗塞河入海口。二十世纪二十年代毕加索及其家人常在那里度假，毕加索本人画了不少那里的海滨场景。

什么呢？

培根 后来，在伦敦，我有了如您所说的另一次“触发”，那是在哈罗德百货商场， 面对着“肉类”的柜台。真不知道为什么某些东西会感动你。真的，我喜欢红色、蓝色、黄色，还有肥肉。我们都是肉做的，不是吗？当我去肉店时，我总是很惊讶地发现自己并不在那里，在那一堆堆肉中间。另外，埃斯库罗斯的一句诗总是在我的脑子里打转：“人血之味目不离我”……

他停顿下来，抬眼望着天花板，然后继续说话。

培根 肉确实触及了我所有的本能。这是一种视觉冲击、精彩的视像。我心里说，瞧，可以用所有这些感动你的东西来做一些什么。时不时地，它就诞生了，成了一种创作的材料。我把它据为己有。它非常适合我。

莫贝尔 很久以来，肉就属于绘画的历史。比如，在体验到这些激情之前，您难道就不熟悉伦勃朗的作品吗？

培根 不。那不是一种美学的激情，因为我们的激情很少会是美学上的…… 是伦勃朗在说："你们后退吧，油画的气味很不卫生的。"

莫贝尔 为什么总是让肉体赤裸裸地展露着？

培根 就如我对您说过的，我的绘画首先是本能的。是一种本能，一种直觉在推动着我把人类的肌肤画成如同暴露在肉体之外，如同它便是其自身之影。我是以这一方式看待它的。本能就混杂在生命中。我试图让物体尽可能地靠我更近，我喜欢这一与肌肉的直面对视，喜欢生命的这一真正的天然状态。

莫贝尔 可您的人物毕竟还是走了形，不是吗？

培根 不，我可不是为了走形的愉悦而走形的；他们并不屈从于扭曲。我试图，我尝试，在最让人揪心的阶段中转达出图像的一种现实。但我兴许做不到。

莫贝尔 您经常画一些裸体的人。您是不是已经做了自我查禁？

培根 您知道，一个艺术家是从来不作自我查禁的。

好吧，您是在问我有什么更强烈的强迫观念吧？（大笑）我从来就不想画

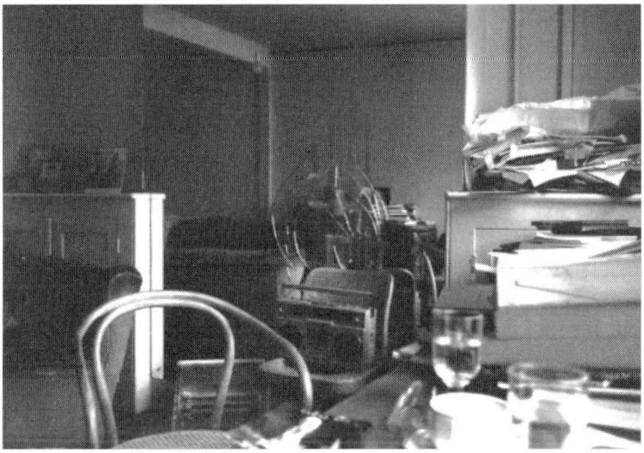

淫秽作品。我更愿意来一点假设，在我看来这样倒更加有力，总之，在面对情感时，我们难道不是一些赤裸裸的人吗？

莫贝尔 人们可以肯定，您的绘画是自传性的……

培根 有那么一段时间，我想要讲述我整个的生活，就像作一个报道，从诞生讲起。然后，我放弃了这一想法。您知道，我的生活是一场真正的灾难。我从来做不到我想做的。

莫贝尔 您在以自己的方式实践一种自我分析……

培根 兴许吧，总而言之，我总是在做一种长长的分析，对我自己。（大笑）这让我想到阿蒂尔·兰波所说的“意义的失常”。是的，我在实践的兴许就是这个。我在我自己身上下功夫。

莫贝尔 您在某个场合上说过："我总是一个乐观主义者，尽管我什么都不信。"

培根 对，什么都不信。人一旦死去，便什么都不是了。就只能把你放进一个塑料袋，然后扔到垃圾堆里去，您明白的……

莫贝尔 很好。因此，就没有宽恕，没有信仰，没有宗教了？

他几乎有些发火，提高了嗓门。

培根 我要对您说：根本不是！虚伪。我并不照这些宗教词语去想，尽管我出生在爱尔兰。信仰只是一种幻念，宗教只对政治家有好处：那是一种让人守纪的方式。为什么聪明如T. S. 艾略特或克洛代尔[13]会是信徒呢？

沉默。他站起来，走了几步，又在书桌边上坐下。

莫贝尔　我们先不谈宗教，好吧，但您毕竟还是久久地纠缠于耶稣苦像这一术语。在战争期间，您一开始不是在画耶稣苦像，然后才画的别的吗？

培根　是的，但那并不很宗教嘛。

沉默。

莫贝尔　那是对残忍的一种再现吗？

培根　是的，我要说的正是这个。

13　克洛代尔：Paul Claudel（1868—1955），法国诗人、剧作家，天主教意识十分浓厚，曾在中国、日本、美国等地当外交官。

弗朗西斯·培根的脸露出某种迷惑，始终在运动中，不对称地给出关节脱臼的感觉。渐渐地，他的眼皮滑动，眼睛转动，嘴巴撅曲。瞧着他说话的样子，又怎能不想到他的一幅自画像呢？

弗兰克·莫贝尔 我记得安德烈·布勒东就马塞尔·杜尚说过这样一句话："有些人生而非凡，另一些人则是后来才变得非凡的。"

弗朗西斯·培根 非凡？您知道，很多人对我说，我是个伟大的画家。但我永远都不会知道我是不是一个伟大的画家……我仅仅凭我的本能画画。我只不过试图重新创造出我头脑里已有的图像来。

莫贝尔 您学过绘画吗？

培根　绝对没有。我从来就不知道该怎么完成一幅画。它是在我的工作中自己来的——或者它干脆就不来。您知道，假如说我现在成了画家，那多少是出于偶然。我是自学的，我从来没想过有人会对我的画感兴趣。以此为生是一种运气。我从未想过要以此为职业。“职业”一词让我害怕，不太像我做的事。我，我工作，工作。十年期间，我毁掉了一切。有时候，我甚至在想，我应该继续毁掉一切！

莫贝尔　而正是为了这一理由，这一必要性，您坚持下来了？

培根　我坚持下来了，兴许是因为顽念太强。您知道，创造是一种绝对的必要性，它抹除了其余一切。我没想过以绘画来谋生，我只想以我自己来自我解释。创造就如同爱，您是情不自禁的。这是一种必要性，仅此而已。眼下，人们不太知道事情是如何发生的。重要的是它们发生了。对于自身，这便是一切。之后，人们总是能闹着玩地找到解释……说到我，首先是为我自己。当然，假如能以此为生，那也再好不过。

莫贝尔　您是自学成才的，您采用的技术只属于您自己……

培根　我从不知道该怎么画一幅画。我在工作中发现了一些窍门。比如，我会在画布的背面准备我的画面。绘画，得要有技术，但首先，得让肌肉与画笔和谐相处。一天，我很开心地跟泰特画廊的两位专家开起了玩笑，他们当时在我的一幅画面前互相提问，那是埃里克·海尔[14]的肖像，博物馆刚刚得到的。他们实在搞不明白，我如何能在那幅油画上模

14　埃里克·海尔：Eric Hall（?—1959），是培根早先的老板，后来成为他的情人和支持者(1934—1950)。

拟出一件人字呢上装的法兰绒质地。他们很肯定地认为，那用的是水粉颜料，当我向他们解释说，我只是把我的食指和一块破布在我画室地板上满是灰尘的颜料中浸了浸，就涂在了画布上，他们的脸色顿时变得苍白。要为一件灰色的衣服选择颜料，还有什么比灰尘更好的东西吗？这很理想，这样的材料多的是。之后，我把它固定在一种浅灰色中，如同一种水彩。在美术学校里，老师是不教你们这样的东西的。

没错，我从未在一所艺术学校中学过任何什么。但看看我们周围那些从艺术学校中出来的人……真是一场灾难。我一点儿遗憾都没有。不，也有，我遗憾我没有学过古希腊语。这一点，我是很遗憾的。不然，我就能用原文来读我喜爱的那些作家的作品了。不幸的是，由于不懂古希腊语，我只好去读译文。这多少是无奈之举。

莫贝尔　对一个年轻画家，您能给一些什么建议呢？

培根　建议吗？没有，没有任何特别的建议。只是要承认自己。承认自身本来的样子。只处理让你上心的、让你记挂的主题；那些寄寓在你头脑中并肯定你想法的主题。远离任何纯粹装饰性的东西。装饰，多么可怕啊！

另一天。

我们坐在堆满书籍、文件、酒瓶、酒杯等东西的书桌旁。弗朗西斯·培根备好了咖啡。

弗兰克·莫贝尔　有过一些印象很深刻的旅行吗？

弗朗西斯·培根　我很喜欢欧洲和埃及，即便人们说，那里现在看起来就像百老汇……我去过意大利，我跟商人

克罗德·贝尔纳一起到过那不勒斯和罗马。在美第奇别墅[15]，我遇见了巴尔蒂斯[16]，他始终十分迷人。花园的格局没有变，依然如同在委拉斯开兹的时代。如果说，法国政府投资了很多金钱用于它的修复，那也是多亏了巴尔蒂斯。在入住的二十三个寄宿者中，有十七个怀了孕，这已经不再是创造，而是孕育了……(大笑)他们无所事事，他们想入非非……安格尔到过那里。我很喜欢他的《土耳其浴室》。我想，这肯定影响了毕加索。这是一个天才，毕加索。但我从来就没有见过他。

莫贝尔 您似乎很遗憾……您本来可能见到他的，是吗？

15 美第奇别墅：Villa Médicis，是罗马城里的一组建筑群，位于苹丘之上，自1803年起为法国文化学院的驻地。

16 巴尔蒂斯：Balthus（1908—2001），波兰血统的法国画家，原名巴尔塔扎（Balthasar），被毕加索称为“二十世纪最伟大的画家”。他曾长期担任驻在罗马美第奇别墅的法国文化学院院长。

培根　哦，不，他不需要别人。对我所敬佩的那些人，我并没有热切地想见他们。作为画家或诗人，他们在自己的作品中给出一切。还需等待别的什么吗？就比如说贾科梅蒂吧：认识他本人根本就帮不了你什么。关键在于，他的作品让你感动。但是，在作品与作者之间，肯定存在着一种关联……即便在这里，在伦敦，我也似乎不认识任何人。两个彼此见面的画家或诗人，相互什么都不说。什么都不说，他们是哑巴。

他爆发出长长的一连串大笑声。

请原谅我这里乱糟糟的……咖啡够了。我们今天喝他一点点香槟酒，好吗？

我们便从他的卧室兼书房走向厨房兼浴室，那里，在一个浴缸的上方，挂有袜子和短裤。他打开了一个小小的冰箱，里面有几瓶酒。他选了一瓶库克，轻手轻脚地打开之后，用高脚酒杯倒了两满杯。接着，他又开始了关于安格尔的话题……

培根　安格尔的《贝尔登肖像》是一种证明，可比普鲁斯特的一页书。他创作了一些伟大的图像，他也扭曲了现实……我看重他的素描甚于他的油画。

莫贝尔　您毕竟还是依据他的画画了一幅《俄狄浦斯王》以及《斯芬克斯》。而且还有他那著名的《朱庇特》……

培根　是的，精彩至极！在埃克斯－昂－普鲁旺斯，我还欣赏过伦勃朗的那幅戴贝雷帽的自画像。我跟朋友们一起开车去兜风。我们去了卡斯特尔[17]，去看戈雅的作品。我记得，在早上

17　卡斯特尔：Castres，法国南部城市，属塔恩省。卡斯特尔市内有西班牙美术家弗朗西斯科·戈雅的博物馆。

九点钟，卡斯特尔的街道上人影罕见。通常，我并不太喜欢戈雅，但在那里，他是何等的伟大！《菲律宾人的议会》是一幅惊人的作品，所有那些人物，议会成员、司法官：所有这些形象全都处理得那么轻松自如，那么透明流畅，仿佛用空气和颜色构成。然后，我们前往阿尔比，去看劳特雷克的作品。他的肖像画几乎就是漫画，而漫画更接近于真实。我赞赏亨利·德·图卢兹－劳特雷克的所有作品，在他那迷人的博物馆里。

莫贝尔　您同样也欣赏普拉多博物馆里的戈雅作品吗？

培根　—　他那所谓“聋人屋”的家中的黑白画作[18]，当然……委拉斯开

18　“聋人屋”：Quinta del Sordo，是马德里近郊曼萨纳雷斯河河畔的一栋双层小别墅，1819年，七十二岁的戈雅为逃离公众视线，他搬到了这里。所谓的“黑色绘画”是戈雅于墙壁绘制的十几幅壁画，这组画得名于其阴郁的主题和黑色的大量运用，展现了对疯癫的恐惧与人性的一角阴暗。

兹，委拉斯开兹毕竟是另外的东西。伟大的艺术补充着生活、存在。我是跟一位朋友一起在马德里的。在普拉多博物馆正好赶上了一次罢工，但馆里一位女士还是让我们进了门。我们是委拉斯开兹作品前唯一的参观者，没有了那些日本人……《宫娥》的修复是一次伟大的成功。太精彩了。您知道，弗兰克，我对委拉斯开兹简直着了迷。

莫贝尔　您经常这样说的，人们能明白。还有那位教皇的画像，《英诺森十世》，在罗马，它让你着迷吗？

培根　很棒的。而我知道，它几乎让所有的画家都着迷，不是吗？

莫贝尔　毫无疑问，但对您，甚于对所有其他人。

培根　您知道，当我画我的第一幅教皇时，我做得并不像我想的那样……

莫贝尔　您是想说，您画失败了，您与您的主题擦肩而过了吗？

培根　在当时，我想画嘴巴，只想要教皇那张叫喊的嘴。

莫贝尔　然而，您一直就久久地留下教皇这一主题。同样，也久久地留下嘴巴这个主题。关于教皇，时隔多年之后，您又回过头来反复涉及这一主题。

培根　委拉斯开兹是起点，后来，我就放任自流，随偶遇来引导……委拉斯开兹一再地为我所用，他是个例子，不是吗？

莫贝尔　达利说得好：“面对委拉

斯开兹的绘画，人们会知道自己在哪方面不行。”

他又站起身来。

培根　人们说的是绘画，不是吗？我不太喜欢达利的豪言壮语。但，面对着委拉斯开兹，又怎能说他错了呢？一个艺术家会吸取一切。有哪个艺术家不曾受到过另一个艺术家的影响？可取之处你自然会去取，假如这样做有必要的话。所有画家都会谈到另一位画家，有时候还偷学另一位画家。必须尝试超越这一点。我在五十年代以教皇英诺森十世肖像的种种变体做了尝试，但我并不满意这些教皇像。

莫贝尔　在开始准备您自己的这一系列之前，您有没有看过委拉斯开兹的画？

培根 只见过印刷品，而且还是黑白的！一个运动中的教皇的想法，是在行动时才来到我头脑中的。当我的第一笔颜料落到画布上时，我不知道我要往哪里走。我几乎什么都不知道，里面有很大的偶然性。当图像构成时，我喜欢意外。于是，我学会了组织偶然性。由此，我没用两星期时间就完成了这个系列！我工作得很快，不用准备。但是，您知道，我对这些教皇像不很满意，结果跟我本来的预想不太吻合。

莫贝尔 那您本来打算做什么呢？

培根 一开始，我本是对嘴巴感兴趣来的，只是对嘴。整个内部，它的形式，它的颜色。我拥有一本关于口腔疾病的书，我希望能像莫奈的一幅日落那样来对待它。显然，没成。兴许有一天我会成功的……

吃完午餐，回到他的画室中。

弗兰克·莫贝尔 您曾经在摩洛哥生活过一段时间。

弗朗西斯·培根 五十年代，我在丹吉尔有一个公寓。1956年，丹吉尔是一个自由往来的、国际化的杂乱地带。这，很有趣。只是在1957年，它才重又回归摩洛哥。四年前，我跟一个朋友一起，又回到了那里，想避开圣诞节。那个阶段，要呆在这里，在伦敦，实在是太傻了。我们住在明萨一带的旅馆中。即便在那边，人们还是觉得应该弄一棵松树摆在露台上做装饰。

莫贝尔 在那里，您工作吗？画画吗？

培根 很少。我玩。我总是出门……

莫贝尔　您常常接触一个著名的艺术家小圈子，不是吗？

培根　是的，我跟彼得·拉西[19]在一起。我认识了围绕在保罗·鲍尔斯[20]和他妻子简妮周围的一帮人。简妮……我喜欢她的书，我喜欢她的脸，她的线条，总是那么灵动，不可能捕捉到。而简妮，她让我着迷。他们周围有各种各样的人，男艺术家、女艺术家……还有阿赫迈德·亚库比[21]，一个年轻的画家。

莫贝尔　那金斯堡[22]呢？

培根　当我遇到艾伦·金斯堡时，我

19　彼得·拉西：Peter Lacy（？—1962），培根的一个情人，曾当过战斗机飞行员。

20　保罗·鲍尔斯：Paul Bowles（1910—1999），美国作曲家，作家。

21　阿赫迈德·亚库比：Ahmed Yacoubi (1928—1985)，摩洛哥画家。

22　金斯堡：Allen Ginsberg（1926—1997），美国诗人。

提议去喝香槟，他立即答我以这样美妙的句子："在一个贫穷的国家，人们是不去喝香槟的！"他和他的朋友整天都在吸大麻或者吃麻炯[23]。艾伦·金斯堡、威廉·巴勒斯[24]、布里翁·吉森[25]、彼得·奥尔洛夫斯基[26]……他们身上总是带了很多钱。（大笑）

在丹吉尔，我还认识了田纳西·威廉斯[27]，我很看重他。这是一个很有魅力的人，但又那么抑郁。他的目光非常忧伤。他常常跟一些年轻的摩洛哥人在一起，他不能够也不愿意明白：他们怎么就不爱他呢？这是一些卖淫男：你可以爱上他们，但必须接受他们来欺骗你。

23 麻炯：Majun，这是一种摩洛哥风味的甜点。
24 威廉·巴勒斯：William Burroughs（1914—1997），美国作家。
25 布里翁·吉森 Brion Gysin（1916—1986），英国画家、作家。
26 彼得·奥尔洛夫斯基 Peter Orlovsky（1933—2010），美国诗人、演员。
27 田纳西·威廉斯：Tennessee Williams（1911—1983），美国剧作家。

他大笑。

我们的夜晚都在迪恩家酒吧中度过，老板迪恩一半英国血统一半埃及血统。在当时，这是那么滑稽，那么有趣。我爱丹吉尔，阿拉伯街区得到了很好的保留，酒也不错。自从霍梅尼去世后，那里有了很多伊朗人。殖民化成功了！摩洛哥，是拥有阿拉伯人最少的阿拉伯国家，它是阿拉伯世界的加拿大。（大笑）

他继续说下去，开心地回忆起了那一阶段的生活。

我喜欢摩洛哥人，那是一些很有魅力的人。他们喜爱威士忌，但他们不能喝。卡萨布兰卡是一个那么忧伤的城市，我更喜欢摩加多尔，卡萨布兰卡以南大西洋海岸上的这个小渔港，它后来成了索维拉，我喜欢海边的漫步道。但今天，这地方如同很多别的地方一样，变得太游客化……当年，那里可是非同一般，好玩极了，拥有那种被禁之香……在老城边上，人们建起了一座新城，在我眼中，一片混乱……我看到那么多人在一起，都没有被传统社会所接受。

今天，一切都变了。倒是马拉喀什更为时尚，不是吗？没错，丹吉尔变得太过造作、世俗和人为。人们像是坐专机来的。在摩洛哥一切都变了，兴许连骆驼也变了……

他放声大笑。

莫贝尔　您常常笑。为什么？

培根　一切都让我觉得有趣。最好还是笑对一切。不然，生活就彻底悲哀了。

弗朗西斯·培根转而换了一种严肃

的口吻。

培根　“That’s all the facts when you come to brass facts: birth,and copulation,and death》”(若你触及根本，这是仅有的事实：诞生、交媾，然后死亡。)

我喜欢T.S. 艾略特的这几行诗。在这之上还能添加什么呢？人们孤零零而生，孤零零而死。假如在这两者之间人们成功地做了什么，那当然更好。最伟大的历险，便是生活，不是吗？

莫贝尔　以及创造……

培根　……以及创造。兴许。

他走开了一会儿，然后又回来坐下，连声道歉。

弗兰克·莫贝尔　在法国，国家倾

向于帮助和支持它的艺术家。您对这些资助有何看法?

弗朗西斯·培根 不应该把艺术家们淹死在这些资助中。这会导致墨守成规、学院主义，并以某种方式导致艺术的某种标准化。最终，所有人会做出同样的东西来。今天已经有了太多的学院主义，并非所有那些艺术家都能留下来，尽管人们不太清楚其间会发生什么。多少有点像十九世纪时那帮因循守旧的画家。

突然间，他焦躁起来，生起气来，他的语调中饱含了愤怒。

培根 在这里，在英国，玛格丽特·撒切尔相当地瞧不起艺术与科学。真是一大丑闻，她不肯拿出一便士来给研究，我很震惊。

他马上平静下来。

莫贝尔 那么，在今天，是什么让人成为一个艺术家呢？

培根 哦！很多东西啦！我想，首先得跟自己的主题十分和谐。得让主题彻底地吸收你。不然，假如你没有一个主题占据着你的脑子，啃噬着你的内心，那你就落入了装饰中。你可以在所有的书中，在你的周围寻找，汲取，但这还不够。即便你了解从古埃及到我们今天的整个艺术史，有时候，常常，这还不够。我，我需要能深深感动我的一些东西。而这并非总能成。

莫贝尔 比如说呢？

培根 比如说，奔跑中的野生动物的图像。它们气势很磅礴，让我感兴趣，能提醒我以一种很好的方式来处理人类的身体。这很刺激我，但并不能成。您知道，做一个艺术家是很难的。

莫贝尔 艺术家又是什么呢？

培根 不该有太多的自我……

莫贝尔 人们知道，您是当今在世的最受好评的画家之一，当人们提到您的名字时，他们马上就会问，您在用您的钱做什么？而当人们看到您生活并工作于其中的那种极端匮乏时，人们还会这样问的。那么，您在用这笔钱做什么呢？

弗朗西斯·培根如通常那样哈哈大笑起来，用手背抹了抹书桌。

培根 啊，钱！我的钱！您知

道，钱，我是不在乎的。我不是为了钱而画画的！钱，我给，我给得还不少。我的大部分所得都去了我的妹妹那里，去了我的一个好朋友那里。（笑）我的妹妹比我小九岁，她生活在南非。您知道，这里，英国，税是很高的。他们拿走了我所挣的一半还多，但我不在乎。我不觉得这是什么丑闻。我们得帮助医院，比如说，这里的卫生服务部门也正在变……

莫贝尔　您似乎也曾把一沓沓的钱送给过陌生人，夜里，在大街上……

培根　这是谁跟您说的？是的，没错，有过的，有过的，夜里，在大街上……有什么要紧的吗？

莫贝尔　您毕竟是用您自己的钱，帮助了有困难的邻人，您很大方……

他轻轻地耸了耸肩膀。

培根　您知道，钱是用来花出去的，不是吗？

莫贝尔　这么说，您对钱不是很感兴趣。

培根　不对！不对，我很爱钱的！我没什么需要，我邀请一些朋友，我时不时地旅行：我的支出很有限。我喜欢去很好的餐馆吃饭，服装也是……

莫贝尔　服装？但您几乎总是穿着同样的衬衣，同样的上装。

培根　您发现了？（笑声）当人老了，人就变得非常可怕，就得靠服装来弥补一下。它倒是能帮一下的。钱有助于获得一种不那么不可能的生活。

莫贝尔　您觉得您自己很可怕，但您毕竟还是再现了您自己，所有那些自画像……

培根　我是又老又丑。我仇视我的脸。听到我自己的嗓音时我也会觉得很难受，很可怕，就像是在看自己的照片。

当我画自画像时，我实在没有任何别的人可画。您知道，弗兰克，我失去了很多朋友。我更喜欢漂亮的人们。青春就是一切。

莫贝尔　然而，美，您却在折磨它……

培根　我喜欢伤口、事故、难受，现实抛弃其幽灵的那些地方……（笑声）但是，好吧，丑可能会是有意思的和刺激人的，不是吗？

莫贝尔 著名的“丑之美”。

培根 当绝大多数人认定一件雕塑是“可怕的”，他们实在不知道它在多大程度上可能是非凡的。这是感觉、修养和敏感性的问题，更属于本能。但是再说一遍，绝大多数人尤其不感兴趣！

莫贝尔 您的朋友们似乎管您叫“Eggs”[鸡蛋]。

培根 Eggs! Bacon and eggs[28]！（他笑）您知道，弗兰克，我没有朋友。那些画家们……弗兰克·奥尔巴赫[29]，我再也见不到他了。卢西安·弗洛伊德[30]，西格蒙德的孙子，也不想再见我了…… 他

28 鸡蛋加培根。

29 弗兰克·奥尔巴赫：Frank Auerbach（1931—）生于德国的英国画家。

30 卢西安·弗洛伊德：Lucian Freud（1922—2011），英国艺术家，出生在德国，是著名心理学家西格蒙德·弗洛伊德的孙子。

不想借给我他的肖像，用于我在泰特画廊的回顾展。我很喜欢他的创作，尤其是他的肖像，但我再也见不到他了。友谊诞生，然后磨损。我的朋友们都死了。当人老了，人就不那么容易交朋友了。

莫贝尔 您是个孤独者吗？

培根 从某种程度上说，是的。我在酒吧[31]中认识了一些人，但人们不爱我。

莫贝尔 那批评界呢？

培根 什么批评界？（停顿了一下，然后以一种几近欢快的语调。）我读到有人这样写到我的绘画："脸的反面的肉，它在瞧。"我觉得这相当公正，不是吗？

莫贝尔 一个肉的脑袋……您说您

31 原文为英语"pubs"。

不被人爱，但您毕竟还是赢得了一种国际声誉。

培根 我不抱怨。我的画很难卖出去，您知道。它有点畸形，这种购买画作以给自己一种身份的方式。真的，不是吗？购买者，这帮助他们存在。今天，人们太过于把绘画看成一种投资了。

莫贝尔 某些当代画家实在很懂这一点，把他们的作品当作了一种商品。

培根 今天，一切都是那么虚假，造作，人为，如同施纳贝尔[32]……我只提了施纳贝尔的名字，但是还有很多别的人。我，我喜爱绘画，绘画是不说谎的。

莫贝尔 那您的同胞大卫•霍克尼[33]

32 施纳贝尔：Schnabel，不详。

33 大卫·霍克尼：David Hockney（1937—），英国画家、舞台设计师及摄影师。

的绘画呢？

培根　我很熟悉大卫，但我不再见到他了，如同其他人。他在泰特画廊的作品展远比我的要更成功。它更为谄媚，观众可以一家人一起去看……

莫贝尔　那其他的画家呢？

培根　在当代绘画中，什么都没有。我始终希望人们能发现一些年轻人，但什么都没有。让人伤心的是，今天，一切都太学院主义了。毕加索扭弯了学院主义的脖子……在他的画像中，如《朵拉·玛尔》或《玛丽·特里萨·沃尔特》，人们看到了存在者的内部。

莫贝尔　那……巴尔蒂斯呢？

培根　属于成功的学院主义。我最

喜爱的作品是《圣安德烈艺术商廊》，带着那个侏儒……

莫贝尔 而对那些使用视频的，被人叫作“视频创作者”的艺术家，您又作何感想？

培根 啊！我格外看重那位比利时艺术家的“视频-雕塑”，我想，她叫玛丽-若·拉封登[34]吧。尤其是她根据加西亚·洛尔卡作品的再创作。她用很多的电视机重新创造了一个竞技场的空间。观众被图像所团团围住。我还想起了她的《维克多利亚》。很有趣：是两个女子在争吵。非同寻常，它增加了一种不可能性……还有她的白教堂，是1986年的作品，我想，它叫作《钢铁之泪》：观众还以为在瞧着一些脸，但实际上是它们在瞧你，把你固定住。

34 玛丽-若·拉封登：Marie-Jo Lafontaine（1950—），比利时女艺术家。

莫贝尔 人们能不能学会观看、变得敏感、乐于接受？

他装作一副自我提问的样子。

培根 很难解释为什么乔伊斯是一个伟大作家。《尤利西斯》是他最好的书，他扭曲、碾压、粉碎了语言……他发明了一种技术，一种风格，把它推向极致。我很喜欢那些爱追寻、回溯、剖析、发明的人。正因如此，我对毕加索的作品极有兴趣。我非常喜欢毕加索。

莫贝尔 毕加索的作品中是什么让您如此着迷？

培根 一切，毕加索的一切。其人很迷人。其整个作品很迷人，不可预料，他的雕塑，他的素描。若是没有他，我想我恐怕是永远都不会碰一下画笔的。

莫贝尔 您还对埃及艺术有一种真正的激情。

培根 我十分赞赏埃及艺术。埃及小雕塑，饱含真实，呼之欲出。

他站起身，在壁炉上拿起一本关于埃及艺术的画册。随手翻开一页。

培根 埃及雕塑是世界上最伟大的雕塑。瞧瞧，瞧瞧！比如，这个眼圈涂成绿色的录事：这是一种很扎眼的现实主义，如同一记燃爆。这正是超现实主义者想做的，但他们没能做到。只有毕加索，有时候，兴许，做到了这一点。

他翻着书页，停了下来，把书拿到离他只有几厘米的地方。

培根 这是一个无花果木的雕刻，村庄头领的头像。多么强大的表达力啊！在开罗博物馆里，您一定还熟悉拉何泰普及其妻子的雕像[35]吧，那可是我见过的最美妙的作品了。

他静静地翻阅着那本书，然后又开口说话。

培根 我很遗憾：我只是通过绘画来试图做些事，来试图作自我表达。我尝试过雕塑，那已经是很久之前了：没什么结果，什么都没有。您要不要来一杯白葡萄酒？我冰箱里有夏布利。

我们前往厨房兼浴室。他抓起一瓶酒。

培根 啊！这是夏布利。

35 拉何泰普（Rahotep）和他的妻子内弗莱特（Nefret）的雕像于1871年在斯奈夫鲁王金字塔附近被发现，这两尊雕像作于埃及历史上著名的古王朝时期(公元前2640—前2155年)，确切地说是在斯奈夫鲁国王统治初期。现藏于开罗博物馆。

莫贝尔　是什么促使您继续下去的？

培根　我要一直工作到死。我渴望做得更好。做得远远更好。某种东西在感动我……

莫贝尔　您是从哪里汲取的能量？

培根　我不知道。您知道，我没有任何理由。我是天生的乐天派，尽管我什么都不信。我是某种乐天的虚无主义者。啊！啊！啊！

他笑了起来，原地转了一个身，手里拿着一瓶哈罗兹牌的夏布利酒，准备倒酒。

培根　这酒，稍稍有些太甜，不是吗？在英国，要想找到好酒，真的是好难啊。找倒是找得到，但是，价格太高了，尤其是白葡萄酒。很贵，但很好……我常常为在巴黎失去了我的公寓而遗憾。我以前住在比拉格街，位于孚日广场和圣安东街之间。我在三层楼上有个大套间，光线很好，比这里要好。我总是在天光下画画。我很赞赏巴黎的光线。我更喜欢那里而不是伦敦的光线。但我更喜欢出门去，而不是工作！在我看来，巴黎是最美的城市。我总会不时地去巴黎。后来，我把我的画室留给了迈克尔•佩皮亚[36]。在巴黎，我总爱散步，但我在那里认识的人很少。在比拉格街那同一栋很老的大楼里，还住着那位画家，来自南斯拉夫，我想……

他像是在问自己，寻找着字词。

36 迈克尔·佩皮亚：Michael Peppiatt（？ —？），英国艺术评论家、作家。

莫贝尔　威利科维奇[37]吗？

培根　就是他，威利科维奇。他有一个很漂亮的公寓。他很迷人，但我不太喜欢他的作品。他兴许稍稍受到了我的启发。但假如说得严厉一点，他可能也“偷”了一下别人……他妻子有一点……怎么说呢？神秘兮兮的。

莫贝尔　我想，他爱运用箭头，如您一样。您知道，比如说，当您指着一个受伤的膝盖时。请原谅，但我从来就不明白这些箭头的“有用性”。

培根　没错，它们不再有存在的理由，您不是第一个这样对我说的人。这些箭头，是一种指示、强调、坚持的方式。但现在，我觉得它颇有些可笑。如您一样，我觉得它没有用。您说得有理。假

37　威利科维奇：Vladimir Veličković（1935—），南斯拉夫画家、雕塑家，久居巴黎。

如人们为录事的这张脸补一个箭头，那实在是愚蠢之极。（他在那本关于古埃及的书中指了一个半身像给我看。）

莫贝尔　今天，一大批画家都在模仿您。

培根　您真的这么认为？

沉默。

莫贝尔　早上，您很早就起来画画吗？

培根　我喜欢在六点钟起床，这对我并不困难，伦敦的光线一大早开始就很好。

莫贝尔　弗朗西斯·培根的一天是怎么过的？一起床，您马上就开始画画吗？

培根　哦，不！我先慢慢地喝茶，很多茶。然后，我去隔壁那一间，画室。当我有所想法时，我渴望干得很快。它可能需要几天，好几天，几星期。我曾经用了十来天时间就画了很大的三联画。当事情顺利时，真的是太棒了。但这样的事从来就不得而知。我常常会在十三点时停下来，去餐馆吃饭。我喜欢从容不迫地吃午饭。

莫贝尔　然后呢？

培根　哦，下午，我散散步，我会去一家酒吧[38]，然后去另一家。就这样，直到晚上。我兴许会去见一个朋友……要不，我就闲逛。“Drift”，英语叫“drift”，多少有些像一条船……（他拿起一本词典，它总是放在他手边的。）是我的朋友索尼娅·奥威尔[39]给的我这本

38　原文为英语“pub”。

39　索尼娅·奥威尔 Sonia Orwell (1918—1980)，是英国作家

词典。

莫贝尔 你是说溜达?

培根 不,不,不确切。应该是“to full around”。对了,是“走到哪算到哪”,“偏到哪算到哪”。我生命中的大部分时间,大致就是如此度过的。这大概是幸存在这世上的最好办法,兴许还能摆脱忧虑,我就是这样度日子的,随风偏移。

莫贝尔 您还喝上一点儿。

培根 是的,我爱喝上一点儿。葡萄酒。我相当明白。我一生中喝过各种各样的酒。是的,我喝酒,每瓶酒里都有那么多的微妙。我喝得太多。人们总是喝得太多……而酒精却不能帮我画画,正相反!

乔治·奥威尔的第二位也是最后一位妻子。

莫贝尔　在我看来，您从青年时代起就开始了这一“偏移”。这种生活，不妨说，“混乱的”生活，是不是一种选择？

培根　我喜欢这个词，“混乱”。我的生活……我的生活只是一系列的偶然。如同任何一个个体的生活，不是吗？

莫贝尔　兴许比随便哪一个还稍稍更为混乱。

培根　年轻时，人们多少都有些傻。

莫贝尔　您的童年是什么样的？

培根　我苦于哮喘发作，您知道。真是灾难啊，马厩里总是灰尘蓬蓬的。我恨透了我母亲，我记得她让她的厨师们做的可怕的猪头方肉。我尤其恨我的父亲。

他似乎有些难堪，久久地清着嗓子。

培根 他对我一点儿感觉都没有，就像我不存在似的。我只看到他在我哥哥十四岁死时哭过。对我却从不。

莫贝尔 他在都柏林附近养马，是这样的吗？

培根 驯马和养马，但首先是个赌马的。我母亲有一份小小的财产。

莫贝尔 您对赌博的兴趣由此而来……

培根 也许吧。我很喜欢轮盘赌。我赞赏偶然，在所有领域中。但无论如何，赌到最后人们总是要输的，不是吗？

沉默，然后他接着说。

培根 我仇视爱尔兰。然而我却出生在那里，不过我父母都是英格兰人。而且，我父亲是新教徒，我也受新教的洗礼；但实际上，他并不太新教徒，我也不。我逃避宗教。

莫贝尔 您总还留有童年时代的某些美好回忆吧？

培根 我很爱我的祖母，她很神奇，她结过三次婚，她组织安排的精彩庆典，连阿迦汗[40]都来过。我还记得她那叫“法姆林斯”[41]的家中的那些圆形卧室。我就睡在她的一间圆形卧室里。

莫贝尔 圆形的，就如您画的那样吗？

40 阿迦汗 Aga Khan，伊斯兰教什叶派伊斯玛仪派领袖的称号。

41 原文为“Farmleigh”，是爱尔兰首都都柏林的一处庄园建筑。

他双臂交叉抱定，耸了耸肩膀。

培根　谁知道？（原文为英语“Who knows？”。）

莫贝尔　您是在什么样的情境下离开您父母的？

培根　听我说，这是个相当怪的故事。一天，我父亲得知了我的性倾向，然后，另一次他撞见我正在试穿我母亲的内衣。我那时应该有十五六岁，不会再大了。他实在太讨厌我，就把我赶出了家门。总之，他把我送到了他的一个朋友那里，好让他来教育我。他每天都给我三本书来读。

莫贝尔　您有没有意识到您的同性恋倾向？

培根　意识？啊，啊，啊！我跟马厩里的小伙子睡觉，我喜欢跟马夫们相处，仅此而已。我已经是彻底的同性恋了，这没错。

莫贝尔　在十五岁左右的年纪，又怎么体验和经历同性恋呢？

培根　您知道，这就如同一种残疾。我绝对无能为力……

莫贝尔　因此，很困难吗？

培根　我总是喜欢岁数比我大一些的。从这方面说，我曾是一个无法无天者，我依然还是一个无法无天者。我不认为这很自然。这不是生活。您知道，爱是一种痛苦的、艰难的病，但那是一种必然。

莫贝尔 “爱……是一种罪，在这罪里头，少不了一个同谋。”波德莱尔这样说的。

（大笑）

莫贝尔 有人说，您爱那些坏小子。

培根 您知道，这就如同一种残疾。我绝对无能为力……

培根 还有那些一家之主。但，您知道，我还跟一个女人做过爱，伊莎贝拉·罗斯索恩[42]，一个很美的女人，曾当过安德烈·德兰[43]的模特儿和乔治·巴塔耶[44]的女友。

42 伊莎贝拉·罗斯索恩：Isabel Rawsthorne（1912—1992），英国画家，是作曲家康斯坦·朗贝尔的妻子，当过德兰、贾科梅蒂和培根等画家的模特。

43 安德烈·德兰：André Derain（1880—1954），法国画家。他和亨利·马蒂斯一起创建了野兽派，是二十世纪初期艺术革命的先驱之一。

44 乔治·巴塔耶：Georges Bataille（1897—1962），法国哲学家、作家。

莫贝尔 孩童时代，您的抱负是什么？您想做什么或成为什么？

培根 什么都不！绝对什么都不。我什么都不想做。做梦，兴许。在那个年纪上，为什么要问自己这样的问题？

莫贝尔 那么，当您父亲把您托付给那位“朋友”时，发生了什么？

培根 他想让他来教育我。这是一个特别能征服女人的人。我们在欧洲旅行。我们下榻于一些大饭店，我们最后定居于柏林。那应该是在1926年。那时候，它是世界上最自由的城市。而从教育上来说，我处在了《蓝天使》[45]的氛

45 《蓝天使》本是约瑟夫·冯·斯坦伯格1930年执导的一部德国电影。影片中，一名卫道的中学教师到夜总会调查班上学生的放荡生活，不料却遇识了一个风情万种的歌女，教师惊为天人，不惜为她放弃工作到舞台上去扮小丑。经他的苦苦追求，她终于嫁给了他，而他的教师前途也因此毁掉。

围之中。

莫贝尔 在十六岁的年纪，您在柏林做什么呢？

培根 那时候的柏林是很困难的，我想，后来，不知不觉之中，它对我的绘画起了作用。每天晚上，我们都在酒吧和歌舞厅里转悠。在大街上，到处都有那种小小的戏剧表演。我 根本就不问自己什么问题。这很美妙，我很开心。我没有在那里看到任何绘画，我是如此开心。这一定极大地影响了我。那是成年累月的颓废。我非常喜欢那样。那很刺激我。

莫贝尔 那正是德国表现主义的全盛时代。

培根 是的，但我对此绝对不感兴

趣，我从不看重表现主义，那是一派混乱，中欧绘画的一派混乱。对于我，冲击没有产生。您还要再来一点酒吗？

他为我们倒酒，我们碰了碰杯。

莫贝尔　我觉得，您读书读得很多，是这样吗？

培根　当然！怎么想象没有了文学的生活，没有了书的生活呢？那对于想象力是一种神奇的源泉，一口井。马塞尔·普鲁斯特是个外科医生。他用《追忆似水年华》做着解剖。

莫贝尔　在您的同时代人当中，有没有您特别喜爱的作家？

沉默了一阵后，他又继续说。

培根　我很喜欢阿拉贡和玛格丽

特·杜拉斯。她曾经这样写过："为了创作，必须把自由关进监狱。"

莫贝尔 这是一句口号吧……您真的这样认为吗？

培根 经常是的。我不知道，大概吧。玛格丽特来过这里，您知道，跟索尼娅·奥威尔一起来的，这两个女人都是米歇尔·莱里斯[46]的朋友。索尼娅翻译了《成天上树的日子》[47]。她们俩都去了波兰。之后，她们有过争执。她们的政见不同，我觉得。索尼娅曾是我这里的邻居。然后，她卖掉了这里的房子，去巴黎租了一套公寓住，在阿萨斯街，我去过的；我也应邀去过玛格丽特家，在圣伯努瓦街。

46 米歇尔·莱里斯：Michel Leiris（1901—1990），法国作家。
47 《成天树上的日子》：Des journées entières dans les arbres，这是杜拉斯的一个短篇小说集的名称，也是其中一个短篇小说的篇名。

培根给我们各倒了一杯夏布利酒，然后接着讲。

莫贝尔　我读到过，您不喜欢哲学。这让我很吃惊。

培根　谁说的？人们说到我时，什么样的话都有。

莫贝尔　为什么是说到您呢？

培根　我大概话说得太多了。

他大笑。他喝空了杯中酒，并马上又把杯子倒满。

培根　再来一点儿酒吗？

莫贝尔　有一天您对我说："有生也有死。而在这两者之间，则又有生命。此便是一切……”

培根 是的，没错。我甚至还补充说，在这两者之间，人就做自己能做的。但当我即将死去时，我会找到一些东西，即便那会很丑……

莫贝尔 您是如何定义绘画的？

沉默。

培根 我对德加的水粉画，对他的裸女有一种极大的赞赏，那个露出脊 背的女子，让人感觉到了脊椎骨在皮肤底下的凸起……

我让他注意到一本关于贾科梅蒂的小册子，就放在我们所在的他卧室兼书房的一个搁架上。培根站起身，走了几步，翻阅了一会儿，又返回书桌边。他仔细瞧着封面上画家的照片。

培根 贾科梅蒂是个神奇的人。我曾见过他，跟米歇尔·莱里斯在一起。我忘了他在泰特画廊画展的具体日期。他也是乔治·巴塔耶和伊莎贝拉·罗斯索恩的朋友……

莫贝尔 您为他画过肖像。

培根 是的。我认识晚年的贾科梅蒂，我喜爱他那张充满了善意的漂亮脸。他的模样有些忧伤，但他并不忧伤。这是一个极其聪明的人。我们无所不谈，一切，但没有真谈绘画。他有这一特点：能明白一个主题所同时具有的一切侧面，就仿佛他在围绕着它转动。战后，我有个朋友曾给贾科梅蒂照过相，在他的画室里，当他画他的《狗》时……

莫贝尔 这幅《狗》，他曾这样说它："这是我。有一天，我在街上看到我自己，仿佛我就是狗。"

培根 是的，这副忧伤样……但他并非那么孤独的。啊！他的画室是一幅真正的静物画。

莫贝尔 您的画室也有点这样，跟贾科梅蒂的很像。

莫贝尔 没那么漂亮！（大笑）

莫贝尔 您是不能缺了绘画，缺了诗歌的。那么音乐呢？

培根 我不怎么懂音乐。我常听广播、新闻、综艺，还有皮埃尔·布列兹[48]……但我对音乐并没有太多的爱，像

48 米歇尔·莱里斯 Pierre Boulez（1925—2016），法国作曲家、指挥家。

爱绘画和爱诗歌那样。

在伦敦的比本顿餐馆的桌前，我们面前摆了一瓶雄狮酒庄 1961 年出品的葡萄酒。

弗朗西斯·培根 生活很是惊人，人们所说的也是……

弗兰克·莫贝尔 兴许吧，并非全部……

培根 但几乎全都。（他让酒浆在杯中晃动，欣赏着酒色。）这酒，瞧瞧它那绛红的色调……伦勃朗……

莫贝尔 您的计划是什么？

培根 我希望总是做得更好。我继续画着画，因为我知道那是不可能达到的。我要一直工作到死。这让我来劲。美国人爱说“drop dead”，这是一句骂人话：“死去吧”。还有什么比这更好的梦想吗？

他举起他那杯波尔多酒，像是专门对着什么人，嚷了一句：“Cheerio!

关于书名[1]，需要明确一点：经过对埃斯库罗斯《俄瑞斯忒亚》众多译本的查阅，我始终找不到培根引用的作为本书题目的这句译文："人血之味目不离我"。他曾好几次对我说到过它，用法语。有时我也在想，它是不是就是培根本人的译文呢？反正，这比人们通常能找到的表达（尤其是在勒贡特·德·李勒[2]的笔下）要更为强烈。通常，这句诗（《复仇女神》，第5场）的译文是这样的："人血之味冲我微笑。"

1 书名是编辑根据书稿内容做的修改。

2 勒贡特·德·李勒：Leconte de Lisle（1818—1894）法国作家、诗人。

培根与培根

从一份临床记录中见证他者

假如弗朗西斯·培根不是画家，那他就会是个哲学家。这不是为了更好地言说他的创作，既然艺术家总是反驳如下："我的绘画不是用来在它被人所见之外辨读的"，而是为了他的精神游戏，为了其质疑和提问的中肯贴切。也是为了他那被消费了的对话艺术，他投入的兴趣和他从中获取的愉悦证明了这一点。这就如他关于文学与诗歌的知识，他善于通过使之通俗化而来与人分享。

奇怪的是，一位十七世纪哲学家的文字——他是不会阅读它们的——跟我们这位画家说的话有着某种亲缘关系，似乎构成他的某种回声。这里有种种的反响和亲子关系。是特别的亲子关系，因为这位哲学家不是别人，正是经验主义之父，更何况他们还是同名同姓：弗朗西斯·培根（1561—1626），威路拉姆的男爵，圣阿尔本的子爵。而为了格外强调围绕着这一“巧合”的困惑，还有两者之间时间上的距离，我们还得加上一句，画家本人说过，他是他的旁系后代之一，这么说当然并非为了自夸。米歇尔·莱里斯也证实过这一点，不过他并没有因此而对其中的渊源关系带来更多清楚的解释：“弗朗西斯·培根，伊丽莎白时代的光荣哲学家，家族谱系的盘根错节让他跟当今的这位同名同姓者有了亲缘关系。”那么，这是真的？还是假的？实际上，是真还是假并不重要，因为，不知不觉地，两个人最终还是走到了一起。可惜的是，我那时还没有读到莱里斯的这几页文字[1]，无法跟画家本人谈到这些，也无法花费更多时间来深入这一著名的后代关系问题。

哲学家培根在他的晚年写下了《论

1 米歇尔·莱里斯在 1974 年出版了《弗朗西斯·培根或惊人的真相》，1987 年出版了《弗朗西斯·培根》，还在逝世前不久的 1989 年出版了《无法无天者培根》。——法语版原注生与死的历史》，他还是另一部生前并未完成而且直到二十世纪时才得以出版的著作的作者，直到 1984 年，它才第一次出版[2]：人约五丨来页 ·摞书稿的发现，终于澄清了画家的创作与其先祖作家的工作之间的关系。

这是在英格兰的查茨沃斯庄园找到的书稿：*De viis mortis et de senectute retardanda, atque instaurandis viribus*（《关于死亡、推迟衰老以及恢复生命力的办法》）。这篇短短的文字用法语发表时，采用了一个更诱人的标题：《论生的延伸与死的办法》（*Sur le prolongement de la vie et les moyens de mourir*）[3]。首先，鉴于标题的抱负，人们期待在培根的笔下

2 Graham Rees 与 Christopher Upton, Francis Bacon’s Natural Philosophy : A New Source. A Transcription of Manuscript Hardwick 72A with Translation and Commentary， 由 British Society for the History of Science 出版，1984;Philosophical Studies, c. 1611 - c. 1619, Oxford University Press, 1996，第 270-359 页。——法语版原注

3 译自英语版，由 Céline Surprenant 作序，河岸出版社，“小书柜丛书”，2002。——法语版原注

看到一种永生不死的承诺。但根本没有。总之，并不完全，既然“现代科学思想的先锋”在这篇由一些很短的笔记构成的、相当模糊的简短文章中，用一种科学的方法，竭力地观察并描绘在无活力的和僵硬的肉体中逐步发生的解构现象，以求得出关于有机生命体的年龄和变化的种种教益。接下来的是对物质解构运动的一些解释：水果上撒上面粉，板壁上涂盖醋液，葡萄酒和啤酒装瓶后密封处理，以防变质。此外，哲学家第一次谈到了安乐死（字面意义上的“好死”[bonne mort]），他探索了死亡在不同生命体——植物、动物和人类——上的生物学界线，并从中得出了种种的发现和格言警句。

柏拉图不是早就说过——还有其他思想家跟随其后——“哲学思考，就是学会去死”吗？

在这部于1984年才发掘出的著作

中，很能吸引人的一点，是对人体不同状态的描绘和分析，而“二十世纪”的弗朗西斯·培根的绘画似乎就是它的图解和延续。除了同名同姓的闹剧外，这后一位似乎是开玩笑地在用图像阐释哲学家那致命的流浪。然而，我们的画家不可能了解这篇文字，应该不知道哲学家的科学思考和生物学想法。我们在非理性和轻浮的推理中，但为什么不……为什么不把前者的物质理论和后者的肌肤绘画联系起来呢？尽管培根没有一直走向对活体的解构的考察。这真是冒险而又有趣的玄想。让我们好好读一读老培根，再好好看一看小培根。或者相反。带着间距感，带着诗歌的感觉，还有（少量的）幽默感来阅读。

随便翻到一页，我读到：“贝纳蒂诺·特勒肖[4]在超流动性（excessus）……中寻找死亡的原因…… 因此，既然血液

4 贝纳蒂诺·特勒肖 Bernardino Telesio：(1509—1588)，意大利哲学家和自然科学家。

是真正的生命之液，是肉体的灌溉，既然血液的本质取决于肝脏，那么很显然，肉体的毁灭就源自肝脏的这种干涸。”受埃斯库罗斯的悲剧《俄瑞斯忒亚》启迪而于1981年画的一幅三联画，似乎就回答了这些线索。一切就如这另一段文字：“我们看到，得不到滋养、遭受着时间摧残与变迁的固体的肉体不会马上腐烂，它一开始还是柔软的，然后慢慢变硬，再后来变干，随即就长孔洞，生裂缝，起皱纹，腐烂，生锈，而到了腐烂的最后阶段，它就仿佛化解为灰烬，比遭遇了火烧还粉碎得更彻底，最后，它化为尘埃，随风飘走。而这整个过程不是别的，只是一个三重性的行为，就是说，衰减，之后，立即，是所剩的衰减部分的逸走。”

另一个视像，也完全是培根式的：“肉体变得越来越空洞和有共鸣，或者，有时候，通过一个肉体的表面的变化本身，从平滑到产生皱褶与鼓突，在此，人们观察到的不怎么是飞逸，而是迁移……。因为在还没怎么生孔洞，但已经软下来，因而更为紧密的肉体中，精神找不到通道和办法可以秘密地飞走，而只能明显地向前推动那些被它放倒在地的厚重部分，并猛烈地把它们推到肉体的表面——如在任何腐败过程中，还有在金属的锈蚀过程中发生的那样。”

这位画家的很多作品——比如说，1972年8月的三联画，还有1972年的《站在门框中的裸女》——展现了延伸为一个个色点的肉体。画家坚持如此，哲学家也是：“在有一定深度或厚度的肉体中，引向肉体表面的矛盾运动，被它与位于皮下的物质的接触所维持，除非后者是那么柔软，以至于无法阻止皱缩（……）。然而，假如肉体不仅没什么厚度，而且还很狭窄，那它们就不会只是皱缩，而是还要通过收缩收紧来做自我旋转，并蜷缩成涡形，就如被火烤干的薄膜，还有烧焦的纸张，人们能轻易地观察到，不仅有皱缩，而且还有某种东西在自身之上的翻转和蜷缩。这便是苟延残喘的肉体所经历的走向分解的真正过程。”

在培根一世的羽笔下如同在培根二世的画笔下，人们处于同样的垂死阶段中：“腐烂要先于自然的分解，而后者在无生命力的肉体中，跟在有生命力的肉体中由疾病造成的死亡，是同一回事，它并不等待时间的经过，而是阻截它。”人们将会明白，培根家族耕种着同一片土地，在同样的操作场中工作，实践着同样的致死过程。下面这几行文字似乎就是图表上的示例：“肉体以活动的方式存在；（……）位于一个封闭的空间中，（……）肉体赤裸地展现（……）于同一状态和同一运动中。”实验台。恰如在培根的一幅画里头。当艺术家把教皇英诺森十世，或者一些私通中的肉体，或者甚至是他的朋友关在玻璃笼子里时，人们会情不自禁地想到动物园里的那些笼子，人们来观察的正是笼子中的动物。画家让我们得以观察人，“这不幸的大猴子”，生存条件的囚徒。而他的作品则让我们接受最糟的存在。两位培根都一样，都是偶然性的爱好者，伟大的实验者，维系着变故的潜在性，伺机攫取奇特与新颖。画家以自己的方式阐释着一个过程的描绘。他的经验全在于毫无手法地画，毫无保留地投入，寻求变异，让自动性自行流淌。这位艺术家毫不犹豫地折腾他的画布，侵犯它，不怕会贬低它，甚至会毁灭它，假如效果不合他的理想的话。

“精神的活动是如此神奇，假如事物最厚实的部分松弛了，或者变得柔软了，就像液体那样，精神不仅会衰减和软化，而且有时候还会被隔离和切割，或者正相反，会整合事物，让它们糅合。”对此，画家回应说：“我想做的，是扭曲事物直至超越它的正常表象；但在扭曲过程中，我想让它来见证它本身的这一表象。”

1980 年的《带肉骨架与猛禽》，以它肉店中血淋淋的部位，1965 年的三联画《耶稣苦像》，以它肌肤的碎片，还有它的排便，如其他众多的作品那样，直接涉及了神经系统。没有了脑袋的畸形上半身，一记可怕的人类叫喊，五脏六腑，一段脖子外加一张没有牙齿的嘴……画家竭力不让他的观众躲避残忍的景象，并把这一暴力作为一种必要性来强加给观众。培根的激动，肌肤的痉挛，达到了极致。他 1944 年的三联画的第二个版本，1988 年完成的，则直接地挑衅和攻击了神经。他那无法命名的造物，在血红蛋白的背景下，揭示了一种无节制的仇恨的强力。

“失血的部分——如同神经、薄膜、筋膜、水分，还有其他类似部分——一旦丧失了韧性、柔软性和物质性，就很难会得到恢复，它们就会走向萎缩。”《论生的延伸与死的办法》中还有这另一段：“一旦精神迁移他处，或被窒息，个体部分就会回到流动和混乱的状态。当精神升腾，分解为水、为沉淀物、为泡沫的时候，在血液中就可以看到。同样的事也发生在尿液中。”在画家培根笔下，人们发现体液的痕迹——血、精液、粪便……——这些标志就如一块衣料与肉体接触后留下的标记。“这一运动或这一搅动的温柔平和的性质，在活体身上的脓肿化瘀中表现得相当明显。因为化瘀开始发生时，在精神斗争之前就刺激起的痛苦与刺痒，折磨着兽性精神本身的种种痛苦，会平息和减弱，剩下的只有一种温和的和轻微的疼痛，以及一种炙热。”

对小培根，如同对老培根，有一个双重意义的游戏，一种强迫性的词汇。请读哲学家的以下这段话："至于最厚重部分的欲望与胃口，以及它们本质的基本行动，有五大区别值得在此强调一下：休息、类似者的吸引、空的逃逸、在一个相反肉体面前的逃逸、对折磨的躲避。因此，每一个具体而又厚重的生命存在都由一种天生的迟钝来标志。"1953年创作的画作《角斗士》，诞生于画家的想象力，来自于迈布里奇的照片，我们却不知道它还有另一个更古老的哲学家教父。

在培根二世之前，谁敢做这个：在一种静默的暴力中，展示疯狂解剖的生猛现实，扭曲肉体到令人厌恶的地步？四个世纪之前，培根一世在他的"警句格言之六"中写道："逃逸的精神让肉体干涸；留下的精神让它液化，但无论是逸出的精神还是留下的精神，都不能让它活着，长出肢体(……)。它出去了，而留下来的则挛缩、变厚并硬化。”当画家着手画一张脸时，他既是他所再现对象的外科医生，又是他的心理医生。他同时在完成两者的工作，而且是这两者永远都无法实践的。艺术有助于这一僭越，艺术达到了难以做到的。他以跟他的“祖先”不同的方式，同样实验了肉体的进步。

“涉及无生命肉体的所有这些东西，衰减、逃逸、挛缩、与类似者以及剩余者的结合，同样还被看作存在于肌肤中、血液中、薄膜中、骨头中，以及人活着时的整个活生生的肉体中（而这些部分拥有一种精神，到处都要参与，都要传播，就仿佛我们把这一精神赋予了无生命的东西）。（……）实际上，人死后，这整个本质依然留存在尸体中。”请人们原谅我在此大量地引用这位哲学家的话，但在我看来，他的词语远比任何一种别的阐释都更贴切地说透了培根的绘画作品。

在画家培根的图像中，一些色点表现了呕吐物、排泄物，还有排出人体的精液。这些色点不仅摆脱出，流淌出，满溢出，而且它们还与人合为一体，某种程度上说，它们是人体的推进、继续。

它们诞生于一种内在运动，却暂时地以另一种方式来变动它，构成它。别样地。肉体不再是肉体。它变成了别的，同时又始终不动。肉体液化了，跟从中流出的东西无法分离，直到成为一种瘀。有机液不再发展，于是，停滞在其流动中，凝固起来。变动一停止，人们便不再知道肉体是不是动物化了，矿化了，肿起了，带着它的赘瘤，它的“芽孢”。“变丑”的形象让人感觉到一种内在的痛苦，就如一系列挛缩后发生的神经、肌肉的一种反作用。人的种种形式被歪曲了，悄悄地活着，别样地轻松。在这些扩展中，不动是表面的，另一种生命似乎在构成。“生命体的本质跟非生命体的本质有些相同之处，同时，还有一些东西则是它特有的（……）由此，所有的生命活体遭受并忍住由摩曾提乌斯构想的那种折磨[5]——要知道，活人在死神的拥抱中死去（……）”，祖先这样反驳的。

哲学家如同画家，都在实验，他们从已知世界出发，被引向未知世界，希望能找到什么，他们测试着，直到变故发生。这一“变故”既是物质的“失控”又是其基本主题：人。对这两者都一样，人们从可见走向不可见。他们寻找着，却并非真的找到了答案。从来就不满盈，他们与不可能竞赌。这一个的绘画恰如另一个的哲学思考，都在未开发的地带上实践，并且对提问作了些许回答。两位培根都在犹豫，摸索，继续，总是那么不满足，执着地一直走向终结。

5 摩曾提乌斯是神话中的伊特鲁里亚国王，他把活人绑在尸体上，然后把他们丢弃，任凭命运的摆布。——法语版原注肉体滑动，联结，弄皱，直到构成已然不再完全是肉体的另一种物质。萎缩了的片断、残肢、肢体在一种运动中，在一种扭曲中得到了固定和截取（《依迈布里奇而作》《人体习作》《喝空杯中水的女子与四脚行走的瘫痪孩子》，1965）。即便是在停顿中截取的，这些肉体因素依然在活生生地呼吸，就仿佛这些器官被某种看不见的循环激活了。人们看到他们，有的平稳地走在钢丝绳上，又有的如杂技演员，做着神秘的体操动作（《人体习作》，1970 年，三联画）。人们已经认不出模特来，形象是人类的，仅仅是人类，有血有肉。培根在干涉作为外科医生、屠夫。重视解剖的人，钻研肌肤的人，在一个广袤空间中衡量其整个可塑性的人，这些神秘的人－肉在空无中完成了他们令人绝望的旋转，并在不知道什么磁力的吸引下，进展于无边无际的天空中。我们在哪里？

哪一朝哪一代？哪一个世界？该把肉体维持在哪里？这些绘画中，弥漫着一种残忍的梦境（比如，1967年的《人体习作三幅》），一种戏剧之谜，一种“死亡的味道”。画家展现他的造物在其残酷无情之中。他把他不带悲怆的悲剧搬上了舞台，就如哲学家当年不带一丝情感的实验。甚至于哲学家的死，它都会是一幅由画家完成的图像：“我有那么一两次满怀热情地处理过肉体硬化与保存的试验，一切全都如愿以偿地成功了，记得有一次，在伦敦和海哥特之间的路上，它让我呕吐得那么厉害，让我都不知道那究竟是因为石头，还是消化不良，还是冷，或是三者加在一起。”

弗兰克·莫贝尔

弗朗西斯·培根生平大事记

1909—1923

1909年10月28日，弗朗西斯·培根(Francis Bacon)诞生在都柏林的一个诊所中，父母为英格兰人。他是家中五个孩子中的老二，其父名叫安东尼·爱德华·摩蒂默·培根(Anthony Edward Mortimor Bacon)，是个退伍的军官，他声称与先哲弗朗西斯·培根(1561—1626)有着远亲关系；其母克丽斯蒂娜·威妮弗蕾德(Christina Winifred)，娘家本姓费斯(Firth)，两口子生活在爱尔兰的一个大家族中。父亲是赛马的驯马师和养马人。在1914年8月战争爆发后，培根一家移居到了伦敦，父亲效力于战争部，负责管理领土档案。他们曾多次往返于爱尔兰和英格兰之间，并没有固定居所。

1924—1928

弗兰西斯小时候哮喘时有发作，无法正常上学。在切尔滕纳姆的丁克洛斯寄宿学校学习期间，他体验了最初的友爱关系。同学们把他当作“小瘦个”。后来他被转到一个私人教师那里，跟着他读书。十六岁时，在一次与父亲的冲突之后，他被送往伦敦做一些 “小营生”：律师所录事、办公室雇员，微薄的收入之外，得到母亲的补贴。他父亲把他的教育委托给一个亲戚，一个“叔叔”，后者把他带往柏林。期待的“治愈”取得了相反的效果：短短两个月期间，他就发现了德国首都的种种乐趣。1927 年春，他住到了法国的尚蒂伊，在那里发现了普桑的绘画《屠杀无辜者》。房东太太教他法语，为他介绍巴黎的各个画廊，他在那时发现了毕加索。被深深打动了的他开始画素描和水粉画。

1929—1939

返回伦敦后，他为家具和地毯绘图，跟澳大利亚艺术家罗伊·德·迈斯特（Roy de Maistre）一起，在其昆斯伯里马厩（Queensbury Mews）的画室中展出他的作品。他收到了收藏者们的最初一批订单，其中就有道格拉斯·库珀（Douglas Cooper）和作家帕特里克·怀特（PatrickWhite）的。他跟一位叫埃里克·海尔的百货商场经理结成友谊关系，此人后来十五年间一直是他的伴侣。1931 年前后，他定居于富勒姆路（Fulham Road），并放弃了他的装饰师的工作，转而投身于绘画。在他的绘画中，人们可以发现他曾从业装饰艺术的因素，例如钢件的管接等。他跟他早先的奶妈杰西·莱特福特（Jessie Lightfoot）住在一起，一直住到 1936 年，那一年，他给超现实主义国际展拿去一件作品，结果被拒。理由是：“不够超现实”。1933年，他完成了他的第一幅《耶稣苦像》，后来，赫伯特·里德(Herbert Read)把它复制在了《当今艺术》(*Art Now*)中。1934年2月，他在桑德兰庄园的过渡画廊(Transition Gallery)举办了自己的第一次展览，就在一位叫阿伦代尔·克拉克(Arundell Clarke)的装饰艺术家朋友的地下室里。展览受挫之后，他画得很少，倒是迷上了竞赌。1937年，他参加了由他朋友埃里克·海尔组织的一次集体展览：在伦敦的阿格纽(Agnew)的“不列颠青年画家展”，参展的画家中就有格雷厄姆·萨瑟兰(Graham Sutherland)。培根对自己的艺术很失望，毁掉了相当一部分作品，直到1944年几乎都没有再创作。这一阶段(1929—1944)中，幸免于难的作品只有十来幅。他移居到了乡下，在罕布什尔郡的彼得斯菲尔德(Peterfield)，后来又返回伦敦，到肯辛顿(Kensington)的克伦威尔广场(Cromwell Place)边上的拉斐尔前派画家约翰·埃弗里特·米莱斯(John Everett Millais)的老画室。

1940—1948

1941年，他父亲去世。由于哮喘病，他被宣布免于服兵役，而被征用在被动防御部门(ARP)工作，他的那个小组负责让人们严格遵守灯火管制，并救援空袭中的受害者。他跟他的老奶妈以及埃里克·海尔生活在一起，后者抛弃了自己的妻子和孩子，三人结成了一个奇怪的三人帮。1944 年，他画了一幅杰作：三联画《以耶稣苦像为基础的人物习作》，它于 1945 年在勒费弗画廊（Lefevre Gallery）展出，并激起了一片愤慨。埃里克·海尔买下了这幅作品，作为礼物送给泰特画廊，后者于1953年终于接受了它。这幅油画的神秘形式被看成妖魔鬼怪，在这一阶段得不到理解。1945—1946 年，培根在勒费弗画廊和雷德芬画廊（Redfern Gallery）展出了《风景中的人物》和《一个形象的习作》，参展的还有亨利·摩尔（Henry Moore）和格雷厄姆·萨瑟兰，培根跟他们建立起了友谊。正是萨瑟兰这位画家把爱丽卡·布劳森（Erica Brausen）介绍给了培根。她买下了他 1946 年的作品《油画》，后来又把它卖给了纽约的现代艺术博物馆。这使得培根在 1946 到 1950 年间好几次前往蒙特卡洛小住，比起南方的阳光来，牌桌上的赌博更吸引他，他总觉得那里的光线过于生硬。

1949—1954

1949 年，他开始画一系列的“头像”，都在伦敦的爱丽卡·布劳森的汉诺威画廊（Hanover Gallery）展出，她也因此在整整十年里成为他的画商，《头像 IV》实际上是他根据委拉斯开兹的教皇肖像（《英诺森十世》）而创作的变体系列的第一幅肖像，这一系列一共有大约四十五幅，前后用了二十来年时间，展览得到了各种不同的阐释，从赞扬到最尖锐的批评都有。他开始运用迈布里奇的照相技术，来作为他的人物画或动物画图像的来源。

1950 年，弗朗西斯·培根接替他的朋友画家约翰·明顿（John Minton）在皇家艺术学院任教。他前往南非看望他的母亲，并在开罗小住，在那里欣赏埃及的小雕像。从非洲回来后，他画了一些直接从其旅行中受启发的主题：“斯芬克斯”系列，还有 1952 年的《穿越河流的象》。在他的奶妈于 1951 年去世后，他离开了克伦威尔广场上的画室，然后定期地换画室，一直没有一个固定处。根据卡夫卡的一张照片，他画了卢西安·弗洛伊德的第一张肖像。作为回报，后者也画了一幅著名的培根像。关于这一阶段，他的朋友摄影师约翰·迪肯（John Deakin）后来是这样说的：“培根是个与众不同的人，温柔得惊人，本性慷慨大方，然而有一种奇怪的残忍倾向，尤其是对朋友。”培根投入到与前战斗机飞行员彼得·拉西的一种复杂关系中，此人后来成了他绘画作品的基本主题之一。1953 年，他跟大卫·西尔维斯特（David Sylvester）共享一个公寓，后来，此君写过令人难忘的培根访谈录。同年，他画了一幅重要作品《角斗士》(根据迈布里奇的一张照片)。他的女画商爱丽卡·布劳森认为它很有挑衅性，竟然把它挂在了自己画廊的尽头。1953年，他在国外举办了第一个个展，在纽约的德拉克兄弟公司(Durlacher Brothers)。1954年，他与本·尼科尔森(Ben Nicholson)以及卢西安·弗洛伊德一起完成了“蓝衣人”系列，在威尼斯双年展中代表英国馆参展。

1955—1958

培根的第一次作品回顾展在伦敦的当代艺术学院(Institute of Contemporary Arts)举办，一共汇集了十三幅作品。收藏家夫妇丽莎和罗伯特·塞恩斯伯里(Lisa et Robert Sainsbury)向他订购了肖像画，并跟他建立起友谊。他们由此成为其作品的忠诚辩护者。培根参与了在现代艺术博物馆举行的一次集体展出。他根据诗人威廉·布莱克(William Blake)遗留的面模，画了整整一套油画作品。也正是在1955年，他决定用边框镀金的玻璃框装饰他的作品。他开始频繁地前往丹吉尔旅行，后来，他跟他的朋友彼得·拉西一起在那里住了六年，遇识了一个小小的艺术家世界[其中包括作家保罗·鲍尔斯、艾伦·金斯堡、威廉·巴勒斯、诺埃尔·考沃德(Noël Coward)、伊恩·弗莱明(Ian Fleming)……

）。他完成了油画《在塔拉斯孔路上的画家》，他说他在这部作品中自视为凡·高。他在汉诺威画廊中展出了“凡·高”系列。他画出了他的第一幅自画像。1957 年，他在右岸画廊举办了他的第一个巴黎画展，然后，又在意大利的都灵、米兰、罗马等地举办了画展。1958 年，他突然决定离开他朋友爱丽卡·布劳森的汉诺威画廊，因为他无法抵挡伦敦的马乐伯画廊建议的一份合同，后者也因此而成为他的代表，直到他去世。

1959—1963

1959 年，他的第一个“保护人”埃里克·海尔去世。培根参与了各种国际艺术活动，在圣保罗、芝加哥、卡塞尔……从 1959 年 9 月到 1960 年 1 月，他居住在科努瓦耶的一个渔人和艺术家村子圣伊夫。1960 年，他的作品第一次在伦敦的马乐伯画廊展出：他新近的三十余幅画作受到了批评界和收藏界的欢迎。1961 年，他居住在南肯辛顿的一个古马厩和车夫房里，地址为雷斯马厩街 7 号。这个地方后来一直是他的画室和生活的基本场所，直到他生命的终结。1962 年，他的作品回顾展在伦敦的泰特画廊举行，后来又以不同的形式在曼海姆、都灵、苏黎世和阿姆斯特丹举行 (1963)。他的朋友彼得·拉西死于丹吉尔。为纪念他，培根画了《马拉巴塔的风景》。1962 年

10 月，大卫·西尔维斯特录制了与他访谈的第一个系列，在访谈中，培根轻松地表达了他的艺术观点。他的朋友哲学家约翰·迪肯提取了画家的友人们的肖像：亨丽埃塔·莫赖斯（Henrietta Moraes）、伊莎贝拉·罗斯索恩、乔治·戴尔……这些后来成了培根所画的他们的肖像画的基础。伦敦东区街区的贫穷青年乔治·戴尔，成为他的情人。作品回顾展在纽约的所罗门-古根海姆博物馆举行，后又在芝加哥的艺术学院举行。

1964—1969

培根完成了大幅三联画《一个房间里的三个人物》(此作可在巴黎的蓬皮杜文化中心看到)，此外还有伊莎贝拉·罗斯索恩的第一幅肖像，是这位女子介绍他认识的阿尔贝托·贾科梅蒂。他的作品的一份名录发表，包括了他已完成的 221 件作品。他完成了著名的《耶稣苦像》（此作在慕尼黑的绘画陈列馆展出），认识了作家米歇尔·莱里斯，此人是毕加索和贾科梅蒂的朋友，后来也成了关于他作品的基本文本的作者。1966 年，他在巴黎德黑兰街的玛格画廊（galerie Maeght），举办了作品展。画家这样说道：“假如法国人看重我的作品，那我就不会觉得失去了一切。” 作品展在伦敦的马乐伯画廊 (1967) 和纽约的马乐伯画廊 (1968) 举行，得到媒体的致敬。

1970—1974

他在伦敦泰晤士河畔的莱姆豪斯得到了一栋房子，那里河水的反光很妨碍创作，他只用来接待客人。1971 年 4 月，他母亲死于南非。这一年，在巴黎的大皇宫举办了他作品的一个大型回顾展，汇集了大约百余件作品。米歇尔·莱里斯为之写了作品名录的文字。在开幕式之前几小时，他的朋友乔治·戴尔在他们旅馆的房间中自杀。为纪念他的朋友，他画了一幅三联画《怀念乔治·戴尔》，此为一个系列的开端。巴黎的回顾展大获成功，然后，展览又在杜塞尔多夫成功举办。他的朋友约翰·迪肯因癌症而病逝。培根专心致志地创作，失去了不少亲友，也完成了一系列自画像。他在艾塞克斯郡的威文霍得到了一处房产。

1975—1979

一次近作展（1968—1974）在纽约的现代艺术博物馆举行，让弗朗西斯·培根达到了二十世纪伟大艺术家的顶峰。好几年间，他都在巴黎生活与工作，在孚日广场附近一个小小的公寓中。1977 在克洛德·贝尔纳画廊（galerie Claude Bernard）举办一次画展，为巴黎的这一临时阶段成功地带来荣耀。随后他在世界各地又举办了多次画展：墨西哥城、加拉加斯、马德里、巴塞罗那……他在罗马的美第奇别墅认识了法国文化学院的主任巴尔蒂斯。

1980—1986

培根在纽约的马乐伯画廊展出了他的自画像，还有他的约翰·爱德华（John Edwards）的头像系列，以及三联画《人体习作》……他创作了受埃斯库罗斯的《俄瑞斯忒亚》启发的三联画。他的妹妹温妮（Winnie）辞世。吉尔·德勒兹（Gilles Deleuze）的哲学研究作品《弗朗西斯·培根：感觉的逻辑》出版。在日本举办作品展。在伦敦的泰特画廊举办第二次回顾展：120件绘画，从1945到1984年。展品名录盛赞他为“活着的最伟大画家”。这一大型展览随后在斯图加特和柏林再次举办。

书中所有的照片均为
弗兰克·莫贝尔所摄。

人名地名对照表

André Derain
安德烈·德兰

Allen Ginsberg
艾伦·金斯堡

Anna Karina
安娜·卡里娜

Antonio Sánchez Mejías
安东尼奥·桑切斯·梅希亚斯

Ahmed Yacoubi
阿赫迈德·亚库比

Balthus
巴尔蒂斯

Brion Gysin
布里翁·吉森

Bernardino Telesio
贝纳蒂诺·特勒肖

Claude Bernard
克罗德·贝尔纳

Charlotte Perriand
夏洛特·佩里昂

David Hockney
大卫·霍克尼

Eric Hall
埃里克·海尔

Edvard Munch
爱德华·蒙克

Frank Auerbach
弗兰克·奥尔巴赫

George Dyer
乔治·戴尔

Gato Barbieri
伽托·巴比耶里

Isabel Rawsthorne
伊莎贝拉·罗斯索恩

István Szabó
伊斯特凡·萨博

John Russell
约翰·拉塞尔

John Osborne
约翰·奥斯本

Klaus Maria Brandauer
克劳斯·马利亚·布朗道尔

Lucian Freud
卢西安·弗洛伊德

Leconte de Lisle
勒贡特·德·李勒

Lautrec
劳特雷克

Marcel Duchamp
马塞尔·杜尚

Marie-Jo Lafontaine
玛丽-若·拉封登

Michel Leiris
米歇尔·莱里斯

Mezentius
摩曾提乌斯

Eadweard Muybridge
埃德沃德·迈布里奇

Michael Peppiatt
迈克尔·佩皮亚

Nicolas Poussin
尼古拉·普桑

Pierre Boulez
皮埃尔·布列兹

Paul Bowles
保罗·鲍尔斯

Peter Orlovsky
彼得·奥尔洛夫斯基

Peter Lacy
彼得·拉西

Tennessee Williams
田纳西·威廉斯

Velázquez
委拉斯开兹

Vladimir Veličković
威利科维奇

Valerie Beston
瓦莱丽·贝斯通

William Burroughs
威廉·巴勒斯

Walter Sickert
华特·席格

Casablanca
卡萨布兰卡

Castres
卡斯特尔

Dinard
迪纳尔

Essaouira
索维拉

Marrakech
马拉喀什

Marlborough Gallery
马乐伯画廊

Mogador
摩加多尔

rue de Birague
比拉格街

Reece Mews South Kensington
南肯辛顿雷斯马厩街

Tanger
丹吉尔

Villa Médicis
美第奇别墅

图书在版编目（CIP）数据

生命的微笑：弗朗西斯·培根访谈录 / (法）弗兰克·莫贝尔著；余中先译. — 长沙：湖南美术出版社, 2017.5
ISBN 978-7-5356-8038-9

Ⅰ. ①生… Ⅱ. ①弗… ②余… Ⅲ. ①培根（Francis Bacon,1909–1992）– 访问记 Ⅳ. ①K835.615.72

中国版本图书馆CIP数据核字(2017)第119803号

SHENGMING DE WEIXIAO
——FULANGXISI PEIGEN FANGTANLU
生命的微笑
——弗朗西斯·培根访谈录

出 版 人：李小山
著　　者：弗兰克·莫贝尔
译　　者：余中先
责任编辑：彭　勇
封面设计：刘迎燕　罗紫依
责任校对：李　芳
出版发行：湖南美术出版社（长沙市东二环一段622号）
经　　销：湖南省新华书店
印　　刷：长沙超峰印刷有限公司（湖南长沙宁乡金州新区泉州北路100号）
开　　本：889 mm × 1194mm　1/32
印　　张：4.5
版　　次：2017年5月第1版
印　　次：2017年6月第1次印刷
书　　号：ISBN 978-7-5356-8038-9
定　　价：38.00元

邮购联系：0731-84787105　　邮　　编：410016
网　　址：http://www.arts-press.com/
电子邮箱：market@arts-press.com/
如有倒装、破损、少页等印装质量问题，请与印刷厂联系斢换。
联系电话：0731-87878870